부모와 자녀가 꼭 함께 읽어야 할

세상에서 가장 아름다운 기도 100

초판 1쇄 인쇄 2007년 11월 20일 | 초판 1쇄 발행 2007년 12월 4일

엮은이 | 로이스 로크 그린이 | 실라 록슬리 옮긴이 | 강주헌

펴낸이 | 한 순 이희섭 펴낸곳 | 나무생각 주소 | 서울특별시 마포구 서교동 475-39 1F

편집 | 김현정 이은주 디자인 | 노은주 임덕란 마케팅 | 나성원 김종문 경영지원 | 손재형 김선영

출판등록 | 1998년 4월 14일 제13-529호

전화 | 02)334-3339, 3308, 3361 팩스 | 02)334-3318

이메일 | tree3339@hanmail.net 블로그 | blog.naver.com/tree3339 홈페이지 | www.namubook.co.kr

ISBN 978-89-5937-142-6 03230

세상에서 가장 아름다운 기도 100

로이스 로크 엮음   실라 록슬리 그림   강주헌 옮김

나무생각

차 례

일상을 위한 기도 · 11

밝고 기분 좋은 하루를 위한 기도 · 12

하나님은 나를 보살피십니다 · 14

내가 사랑하는 사람들을 위한 기도 · 16

밖에서 지낼 때 · 18

밥 먹기 전의 짧은 기도 · 20

믿음과 희망 그리고 사랑 • 23

하나님을 향한 믿음 • 24

기도하는 습관 • 26

용서를 위한 기도 • 28

지혜를 구하는 기도 • 30

십계명을 지키기 • 32

서로 사랑하기 • 34

우리가 사는 세상 • 39

아무 걱정하지 말고
기도하면서 뭐가 필요한지 하나님께 살짝 말해 보세요.
물론 항상 감사하는 마음으로요.

빌립보서 4장

일상을 위한 기도

1 하늘에 계신 하나님, 감사합니다.
오늘도 하루를 시작하게 해주셨어요.
산들바람에도 감사드리고
따뜻한 햇살에도 감사드려요.
이처럼 즐거운 하루를 주셔서 감사합니다.
하나님 덕분에 공부도 하고 놀기도 할 수 있어요.
하늘에 계신 하나님, 감사합니다.
또 하루를 주셔서.

구전

밝고 기분 좋은 하루를 위한 기도

3 내 기도 번호 1번
하루의 시작을 축복해 주세요.

내 기도 번호 2번
맑고 푸른 하늘을 주세요.

내 기도 번호 3번
하나님, 나를 꼭 지켜 주세요.

내 기도 번호 4번
하나님을 더 많이 사랑하도록 도와주세요.

내 기도 번호 5번
즐겁게 살도록 해주세요.

내 기도 번호 6번
내가 곤경에 빠지면 꼭 도와주세요.

내 기도 번호 7번
이 땅이 조금이라도 하늘나라를 닮게 해주세요.

내 기도 번호 8번
서로 상처주며 미워하지 않게 해주세요.

내 기도 번호 9번
사랑의 빛이 쨍쨍 내리쬐게 해주세요.

내 기도 번호 10번
편안히 잠들게 해주세요.

2 하나님, 밤을 주셔서 감사합니다.
상쾌한 아침 햇살을 주신 것에 감사합니다.
휴식과 먹을 것을 주시고,
사랑의 마음으로 돌봐 주신 것에도.
오늘 하루를 즐겁게 채워 준 모든 것에
감사합니다.
이런 하루를 위해 우리는 서로 도와가며
살아야 합니다.
사람들에게 친절하게 대해야 합니다.
공부할 때나 놀 때, 어떤 일을 할 때나
우리는 하루하루 사랑을 키워가야 합니다.

작자 미상

4 즐겁게 사는 하루가 되게 해주세요.
배려하는 하루가 되게 해주세요.
베푸는 하루가 되게 해주세요.
나눠 갖는 하루가 되게 해주세요.

5 사랑하는 주님,
오늘도 새로운 하루를 주셔서 감사합니다.
이 날이 가기 전에
우리가 할 수 있는 좋은 일을 하게
도와주세요.
헛되이 보낸 하루가 되지 않게 해주세요.

스티븐 그렐레트(1773~1855)

6 하나님, 오늘도 제가 하는 모든 일에 함께해 주세요.
모든 일이 모든 면에서 완전할 수 있도록.

하나님은 나를 보살피십니다

7 **땅**과 공기, 하늘과 바다를 만드시고
빛까지 창조하신 하나님이
나를 사랑하십니다.

풀과 꽃, 열매와 나무를 만드시고
낮과 밤을 창조하신 하나님이
나를 사랑하십니다.

땅과 하늘과 바다에 있는
모든 것을 창조하시고
계절까지 바꾸시는 하나님이
나를 사랑하십니다.

사라 베츠 로즈(1824~1904)

8 **당**신의 사랑과 배려를
잊지 않게 도와주시고,
언제 어디에서나
당신을 믿고 사랑하게 도와주세요.

W. 세인트 힐 본(1846~1929)

9 **하**나님, 당신은 나의 목자이십니다.
내게 필요한 모든 걸 주시고,
푸른 풀이 돋은 곳으로
내가 안전하게 풀을 뜯을 수 있도록
나를 데려가십니다.

맑고 시원한 물이 잔잔히 흐르는 곳으로
나를 데려가십니다.
거기서 나는 편히 쉬며
내가 안전하다는 걸 압니다.
당신이 항상 곁에 계시니까요.

시편 23장

10 **모**든 아이의 친구이신 예수님,
내게도 친구가 되어 주세요.
내 손을 잡고
나를 꼭 끌어안아 주세요.

나를 떠나지 마세요. 나를 버리지 마세요.
언제까지나 내 친구로 있어 주세요.
내 삶이 시작된 때부터 끝마칠 때까지
내게는 당신이 필요합니다.

월터 J. 메이섬스(1851~1931)

11 **주**님은 내 빛이고
내 구원이십니다.
나는 아무도 무서워하지
않습니다.
주님은 나를 온갖
위험에서 지켜 주십니다.
나는 어떤 것도 두려워하지
않습니다.

시편 27장

내가 사랑하는 사람들을 위한 기도

12 **하**나님, 내가 사랑하는 모든 사람을 축복해 주세요.

하나님, 나를 사랑하는 모든 사람을 축복해 주세요.

하나님, 내가 사랑하는 사람을 사랑하는 모든 사람을 축복해 주세요.

나를 사랑하는 사람을 사랑하는 모든 사람을 축복해 주세요.

옛 기도문에서

13 **바**다에서 헤엄치는 물고기들을 지켜 주세요.

하나님, 나와 내 주변의 모든 이를 지켜 주세요.

하늘을 나는 새들을 지켜 주세요.

내가 사랑하는 모든 이를 지켜 주세요.

크고 작은 모든 짐승을 지켜 주세요.

우리 모두를 언제나 지켜 주세요.

14 **하**나님, 이 집에 함께 사는 사람들을 지켜 주십시오.
그들이 하는 모든 일에 함께해 주십시오.
당신의 사랑을 우리에게 보여 주시고
언제나 환한 빛을 비춰 주시길 바랍니다.

15 **사**랑하는 하나님, 우리 집에 찾아온 사람들을 축복해 주세요.
가족과 친구, 낯선 사람까지요. 우리 집을 사랑과 친절의 집으로 바꿔서,
우리가 가진 모든 것을 기꺼이 즐거운 마음으로 나눠 갖게 해주세요.

빅토리아 텝스

밖에서 지낼 때

16 하나님의 능력으로 우리를 이끄시고
하나님의 힘으로 우리를 지켜 주세요.
하나님의 지혜로 우리를 가르치시고
하나님의 손으로 우리를 보호해 주세요.
하나님의 길로 우리를 인도하시고
하나님의 방패로 우리를 지켜 주세요.
하나님의 천사를 보내시어
악의 덫과 세상의 유혹에서 우리를 보호해 주세요.

패트릭 성자(389∼461)

17 하나님,
내 손으로 만든 것을 축복하시고
하나님,
내 머리에 떠오른 상상을 축복하시며
하나님,
내 마음에 품은 생각에 은총을 내려 주세요.

작자 미상

18 **사**랑하는 하나님,
곤경에 빠진 사람을 보면
발길을 멈추고 서둘러 달려가
그 사람을 도와주게 하시고,
못 본 체하며
그냥 지나치지 않게 해주세요.

〈착한 사마리아 사람의 우화〉에서

19 **온** 인류의 아버지이신 하나님,
어떤 생각이라도 받아들이도록
우리 집의 지붕을 크게 하시고,
친구나 낯선 사람이 쉽게 열 수 있도록
우리 집 문에 기름칠을 해주시고,
온 가족이 식탁에 둘러앉아 정겹고
편하게 얘기를 나누게 해주세요. 아멘.

하와이 기도문에서

20 **주**님, 요즘 내가 얼마나 바쁜지 잘 아실 겁니다.
나는 주님을 잊더라도 주님은 나를 잊지 않겠지요.

제이콥 애스틀리(에지힐 전투를 앞두고, 1642년)

밥 먹기 전의 짧은 기도

21 하나님,
우리에게 건강한 몸과 힘을 주시고
일용할 양식을 주신 것에
하나님의 이름으로 깊이 감사드립니다.

구전

22 하나님,
오늘도 맛있는 빵을 주셔서
머리 숙여 깊이 감사드립니다.
어디에서나 모두가
즐거운 마음으로 음식을 나눠 먹게 하소서.
아멘.

메노파 어린이의 기도

23 식탁에서
손을 잡고 동그랗게 앉아,
우리 모두를 감싸 주시는
하나님의 선한 마음을 기억합니다.

24 갓 구운 따뜻한 빵이 있습니다.
깨끗하고 시원한 물도 있습니다.
모든 생명의 주인이신 하나님,
우리와 함께해 주세요.
모든 생명의 주인이신 하나님,
우리 옆에 있어 주세요.

아프리카의 기도

25 하나님, 때맞춰 비와 햇살을 내려 주시며 우리 마음을 달래 주셔서 감사합니다.
하나님, 우리 모두가 함께 앉아 이 음식을 먹게 해주셔서 감사합니다.

에밀리 펜달 존슨

26 **굶**주린 사람이 많은 세상에 음식을 주셨고
두려움에 떠는 사람이 많은 세상에 믿음을 주셨으며
외로운 사람이 많은 세상에 친구를 주신 하나님,
겸손한 마음으로 하나님께 감사드립니다.

세상의 가난한 사람들을 위한 감사 기도

믿음과 희망 그리고 사랑

27 믿음에 선한 마음을 더해 주시고
선한 마음에 아는 것을 더해 주시며,
아는 것에 자제심을 더해 주시고
자제심에 인내심을 더해 주세요.
인내심에 경건한 마음을 더해 주시고
경건한 마음에 형제·자매 간의 우애를 더해 주시며
우애에 사랑을 더해 주세요.

베드로 후서 1장 5~7절

하나님을 향한 믿음

28 우리 하나님은 만물의 하나님이십니다.

하늘과 땅의 하나님이십니다.

바다와 강의 하나님이십니다.

해와 달의 하나님이시고, 모든 별의 하나님이십니다.

높은 산과 낮은 계곡의 하나님이십니다.

하나님은 하늘과 땅과 바다, 그 안에 있는 모든 것에 계십니다.

패트릭 성자(389∼461)

29 **하**나님께서
태초에 세상을 창조하셨다고
나는 믿습니다.

하나님께서
이 세상이 끝날 때까지
이 세상을 돌보시리라고
나는 믿습니다.

하나님의 사랑이
영원하리라고 나는 믿습니다.

30 **온** 인류의 주님이신 하나님,
하나님이 저 높은 창공을 창조하셨고
하나님이 저 위의 하늘을 창조하셨으며
하나님이 저 아래의 바다를 창조하셨다고
내가 믿습니다.

카르미나 가델리카

31 **하**나님,
당신은 진정으로 내 아버지이십니다.
당신은 진정으로 내 어머니이십니다.
하나님 아버지,
당신의 힘과 선한 마음에 감사드립니다.
하나님 어머니,
당신의 따뜻한 보살핌에 감사드립니다.
하나님, 우리 모두에게 베풀어 주신
커다란 사랑에 감사드립니다.

노르위치 줄리안(1342~1416)

기도하는 습관

32 나는 앉아서
생각하며
또 생각합니다.
내가 말하는 모든 걸
하나님이 들어 주시길
바라고
꿈꾸며
소망하고
기도합니다.

소망하고
꿈꾸며,
내가 말하는 모든 걸
하나님이 들어 주시리라
진실로 믿습니다.

33 하늘 아래에서
홀로 외로이
기도합니다.
하지만 하나님은
내 기도를 듣고 계시리라
믿습니다.
하나님은 어디에나
계시기 때문입니다.

34 하늘에 계신
하나님 아버지,
가까이 오셔서
내 기도를 들어 주세요.

하늘에 계신
사랑하는 예수님,
가까이 오셔서
내 기도를 들어 주세요.

하늘에 계신
성령의 하나님,
가까이 오셔서
내 기도를 들어 주세요.

35 하나님, 내가 기도할 때 내 마음을 차분하고 평온하게 해주세요.
하얀 안개 구름이 허공에 사라지는 소리까지 들을 수 있도록!

우초노미야 산

36 주님,
내가 무얼 원하는지 아시죠?
그게 옳다고 생각하시면
내 바람을 이루게 해주시고,
그게 옳지 않다고 생각하시더라도
참 좋으신 하나님,
당신이 원하는 걸 내가 원하지 않았다고
기분 나빠하지는 마세요.

노르위치 줄리안(1342~1416)

37 하나님,
기도에 집중하기가 너무 어려워요.
들판을 훨훨 날아다니는 나비처럼
이런저런 생각들이 많아요.
하나님이 계신 곳으로 인도하는 길에서
나를 벗어나지 않도록 해주세요.

용서를 위한 기도

38 나는 하나님께 모든 걸
고백했습니다.
내가 잘못한 짓을 하나님께 모두 말했습니다.
이제부터는 거짓말하지 않을 겁니다.
이제부터는 감추지 않을 겁니다.
잘못한 걸 고백하면 된다는 걸
나는 압니다.

그래서 하나님이 나를 용서하셨습니다.

시편 32장

39 진창에서도
새하얀 꽃이 피고

거친 날씨에도
맑고 푸른 하늘이 보입니다.

우리가 서로를 용서할 때

하나님도 저 높은 곳에서
우리를 용서하십니다.

소피 파이퍼

40 하나님, 죄인인 나를 불쌍히 여겨 주세요!

〈바리새인과 세리에 대한 우화〉에서

41 사랑하는 하나님,
아직 용서할 수는 없지만
용서할 준비는 됐습니다.

42 우리가 생각했어야만 했는데 생각하지 않았던 것,
우리가 말했어야만 했는데 말하지 않았던 것,
우리가 해야만 했는데 하지 않았던 것,
우리가 말하지 않았어야 했는데 말해버린 것,
우리가 하지 않았어야 했는데 해버린 것,
하나님, 이런 모든 것에 대해 용서를 빕니다.

구전

지혜를 구하는 기도

43 성령의 하나님,
내 삶에 사랑을 주세요.

성령의 하나님,
내 삶에 기쁨을 주세요.

성령의 하나님,
내 삶에 평화를 주세요.

성령의 하나님,
내게 인내심을 주시고

성령의 하나님,
내가 친절한 사람이 되게 하시고

성령의 하나님,
내가 착한 사람이 되게 해주세요.

성령의 하나님,
내게 성실한 자세를 주시고

성령의 하나님,
내게 겸손한 마음을 주시며

성령의 하나님,
내게 자제심을 주세요.

갈라디아서 5장

44 하나님, 내 머리에 함께하셔서
내게 깨달음을 주시고
하나님, 내 눈에 함께하셔서
내가 좋은 것만 보게 하시며
하나님, 내 입에 함께하셔서
내가 올바른 말만 하게 하시고
하나님, 내 마음에 함께하셔서
내가 좋은 생각만 하게 해주세요.
하나님, 나와 끝까지 함께하셔서
내가 이 세상을 떠나는 날까지 지켜 주세요.

세이럼 교구 기도서(1527)

45 하나님, 착한 사람이 되겠습니다.
지혜로운 사람이 되겠습니다.
근면한 사람이 되겠습니다.
정직한 사람이 되고
영리한 사람이 되겠으며
너그러운 사람이 되겠습니다.
성실한 사람이 되겠습니다.
하지만 사랑하는 하나님,
무엇보다
하나님의 자녀가 되겠습니다.

잠언

46 하나님, 오늘도 평온하고 편안하게
살도록 도와주세요.
하나님의 힘을 믿고 편안한 마음으로
하나님께 의지할 수 있도록 도와주세요.
하나님의 뜻이 펼쳐지길
끈기 있고 차분하게
기다릴 수 있도록 도와주세요.
다른 사람을 즐겁고 편안하게 만나고,
내일을 자신 있고 용기 있게
맞이할 수 있도록 도와주세요. 아멘.

아시시의 프란체스코 성자(1181~1226)

십계명을 지키기

47 **주**님, 하나님의 명령을 들어서 알고 있습니다.

하나님, 당신을 섬길 겁니다.

오직 하나님만을 섬길 겁니다.

내 말과 내 행동, 모든 것이 하나님의 고결한 이름을 빛나게 하도록 할 겁니다.

안식일을 기억하고 거룩히 지킬 겁니다.

내 목숨을 잃을지라도 폭력을 쓰지 않을 겁니다.

우정을 소중히 하고, 결혼 생활에 충실한 법을 배울 겁니다.

남의 물건은 절대 훔치지 않을 겁니다.

남을 해치려고 거짓말하지 않을 겁니다.

남이 가진 것을 샘내지 않고, 하나님께서 내게 주신 것에 만족하는 법을 배울 겁니다.

십계명

48 하나님,
하나님의 말씀은 나를 인도하는 등불이며,
내 길을 비춰 주는 빛입니다.

시편 119장

서로 사랑하기

49 하나님, 나를 통해 하나님의 사랑을 보여 주세요.

내가 잘 참고 친절한 사람이 되게 해주세요. 시샘하지 않고 잘난 척하지 않으며
교만하지 않도록 도와주세요. 무례하지 않고 이기적이지 않으며 화를 내지 않는
사람이 되게 도와주세요. 망설이지 않고 용서하며 잊는 사람이 되게 해주세요.

못된 짓에 재밌어 하지 않고, 진실하고 착한 일에 즐거워하는 사람이 되게 해주세요.

끊임없이 사랑하고, 언제까지나 믿음과 희망과 인내를 간직하도록 해주세요.

고린도 전서 13장

50 사랑하는 하나님,
우리에게 사랑으로 분노를 이겨낼
용기를 주세요.

51 사랑하는 하나님,
언제까지나 좋은 일만 하도록 나를 지켜 주세요.

데살로니가 후서 3장

52 사랑은 주는 것이지
받는 것이 아닙니다.
사랑은 고치는 것이지
부수는 것이 아닙니다.
사랑은 믿고 의지하는 것이지
거짓말로 속이는 것이 아닙니다.
사랑은 인내하며 견디고,
오늘과 내일, 기쁨과 슬픔을
온전히 나누는 것입니다.

작자 미상

53 사랑의 하나님,
내 마음도 사랑으로 가득하게 해주세요.
부드러운 손길의 하나님,
내 손길도 부드럽게 해주세요.
의지의 하나님,
내 의지가 흔들리지 않도록 지켜 주세요.
말할 때나 행동할 때나
내가 하나님을 조금이라도
닮아 가게 해주세요.

필리스 갈릭

예수님을 따라서

5‑4 **하**나님, 사랑의 하나님, 예수님의 탄생을 기억하게 해주세요.
그래야 천사들과 함께 노래하고, 목자들과 함께 기쁨을 나누며,
동방박사들의 지혜를 얻을 수 있을 테니까요.

온 세상에서 증오의 문을 닫고 사랑의 문을 활짝 열게 해주세요.

정성을 다해 선물하고, 즐거운 마음으로 인사하게 해주세요.

그리스도의 축복으로 악에서 우리를 구원하시고,
항상 즐겁게 지내는 법을 가르쳐 주세요.

크리스마스 아침에는 우리가 하나님의 자녀라고 확신하는 기쁨을 주시고,
크리스마스 저녁에는 아무쪼록 용서하고 용서받으며
즐거운 마음으로 잠자리에 들게 해주세요. 아멘.

로버트 루이스 스티븐슨(1850~1894)

55 예수님은 우리를 구원하려고 죽으셨습니다.

예수님은 우리를 불쌍히 여기셨습니다.

예수님은 우리를 위해 외로움과 배척과 고통을 견디셨습니다.

예수님의 십자가로 인해 나는 용서받았습니다.

예수님, 당신이 겪은 고통과 죽음의 뜻을 내가 깊이 이해하게 해주세요.

케냐의 기도

56 예수 그리스도, 사랑의 주님,

당신이 우리에게 베풀어 주신 은혜에 감사드립니다.

당신이 우리를 위해 겪은 고통과 모욕에도 감사드립니다.

사랑으로 충만하신 구원자이시고 친구이며 형제인 예수님,

날마다 우리가 당신을 더 확실히 알게 하시고

당신을 더 깊이 사랑하며

당신을 더 가까이에서 따르도록 도와주십시오.

리처드 치체스터(1197~1253)

예수님이 가르쳐 주신 기도

57 하늘에 계신 우리 아버지,
아버지의 이름을 거룩하게 여기겠습니다.
아버지의 나라가 이루어지게 하시고
아버지의 뜻이 하늘에서처럼 이 세상에서도 이루어지게 하소서.
오늘 우리에게 필요한 양식을 주시고
우리에게 잘못한 사람을 우리가 용서해 준 것처럼 우리의 죄를 용서해 주세요.
우리를 시험에 빠지지 않게 하시고,
악에서 구원해 주세요.
나라와 권세와 영광이
언제까지나 아버지의 것입니다.
아멘.

마태복음 6장과 누가복음 11장

우리가 사는 세상

58 밝고 아름다운 모든 것,
크고 작은 모든 창조물,
지혜롭고 경이로운 모든 것,
주 하나님이 그 모든 것을 만드셨습니다.

세실 프랜시스 알렉산더 (1818~1895)

아름다운 땅

59 **만**물이 주님을 찬양합니다!
하늘과 땅, 바다와 창공도 주님을 찬양합니다.

시간과 공간도 주님을 찬양합니다.
만물이 주님을 찬양합니다, 우리 주님을!

조지 윌리엄 콘더(1821~1874)

60 **햇**빛에서 하나님의 영광을 봅니다.
달빛에서 하나님의 영광을 봅니다.
별빛에서 하나님의 영광을 봅니다.
드넓은 하늘에서 하나님의 영광을 봅니다.

시편 19장

61 **우**리 발 주변에 활짝 꽃피운 꽃들,
하나님, 당신께 감사드립니다.
산뜻하고 푸르른 풀들,
하나님, 당신께 감사드립니다.
우리 귀를 간지럽히고
우리 눈을 즐겁게 해주는 만물들,
하늘에 계신 하나님,
당신께 감사드립니다.

랄프 왈도 에머슨(1803~1882)

62 하나님, 우리의 고향, 이 땅을 주셔서 감사합니다.
드넓은 하늘과 환한 해를 주셔서 감사합니다.
짠 바다와 흐르는 강물을 주셔서 감사합니다.
끝없이 이어지는 언덕과
잠시도 쉬지 않는 바람을 주셔서 감사합니다.
나무와 발밑의 푸른 풀을 주셔서 감사합니다.

새들의 노랫소리를 듣고
여름에는 아름다운 들판을 보며
가을에는 달콤한 열매를 맛보고
겨울에는 눈의 보드라운 느낌을 즐기며
봄의 향기를 맡도록
우리에게 감각을 주셔서 감사합니다.

이 아름다운 세상에 마음의 문을
활짝 열게 해주세요.
흔한 가시덤불에도 하나님의 영광이 가득한데
우리가 눈이 멀어 못 보고 지나치는 일이 없도록
우리 영혼을 구해 주세요.
우리를 창조하신 하나님,
영원히 이 땅의 주인이 되어 주세요.

월터 라우션부시(1861~1918)

계절의 변화

63 하나님,
언제나 변함없이 사계절을 주셔서 감사합니다.
겨울의 서리는 봄볕에
촉촉이 녹아 내리고,
비에 젖은 새싹은 찬란한 여름 햇살에
활짝 꽃을 피웁니다.
꽃들은 가을 안개에
시들어 떨어지며
새파랗게 질린 햇살에
춥고 헐벗은 겨울을 맞습니다.
이렇게 하나님의 사랑은 영원하리라는
황금의 약속이 계속됩니다.

64 겨울이면 하나님은 하얀 종이를 가져와,
만물의 윤곽을 그리십니다.

봄이 되면 하나님은 그림도구 상자를 갖고 나와,
푸른색과 초록색과 노란색으로 배경을 칠하십니다.

여름이 되면 하나님은 거기에 예쁜 색을 더하십니다.
분홍색과 붉은색, 오렌지색과 자주색을.

가을이 되면 하나님은 황금 가루를 뿌리십니다.

65 하나님, 봄을 맞아 나무에서 지저귀고
산울타리를 훨훨 날며
산들바람을 타고 미끄러지듯 날아다니는
새들을 축복해 주세요.

하나님, 여름이면 해변에 모여들고
파도가 부서지고 용솟음치는
푸른 바다 위를 휙휙 날아다니는
새들을 축복해 주세요.

하나님, 가을이면 멀리 날아갈 준비를 하며
축축하고 차가운 대기를
잊혀지지 않는 힘찬 소리로 가득 채우는
새들을 축복해 주세요.

하나님, 겨울이면 눈밭을 깡충깡충 뛰어다니며
오래 전 여름에 떨어진 열매와 씨앗을
쪼아먹는 새들을 축복해 주세요.

66 환한 햇빛을 주시고
비를 내려 주시는
하나님은 우리 모두를
언제나 사랑하십니다.

빅토리아 텝스

수확에 감사하는 기도

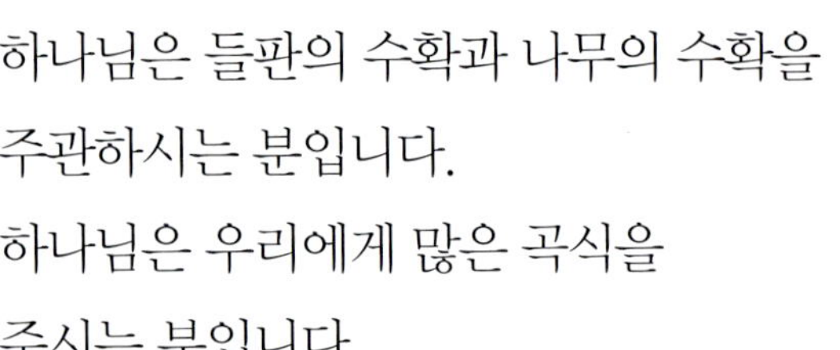

67 사랑하는 하나님,
하나님은 만물을 주관하십니다.

하나님은 해와 비,
서리와 눈,
바람과 폭풍을 주관하십니다.

하나님은 땅과 씨,
뿌리와 잎,
꽃과 열매를 주관하십니다.

하나님은 들판의 수확과 나무의 수확을
주관하시는 분입니다.
하나님은 우리에게 많은 곡식을
주시는 분입니다.

하나님은 우리에게 그 모든 것을
베풀어 주시는 분입니다.
하나님, 우리가
모든 걸 공평하고
공정하게 나눠 갖게
도와주십시오.

68 우리가 땅을 갈면
하나님은 비를 내려 주시며
다시 수확할 수 있게 해주십니다.
황금빛으로 변한 밀밭이
하나님의 선한 마음을 보여 주는
증거입니다.

시편 65장

69 **파**도의 끝자락은 하얗습니다.
눈도 하얗습니다.
저 아래의 만물을 창조하신
하나님은 위대하십니다.

초원은 초록입니다.
나무도 초록입니다.
당신과 나를 창조하신
하나님은 위대하십니다.

수레국화는 푸릅니다.
하늘도 푸릅니다.
저 위의 만물을 창조하신
하나님은 위대하십니다.

수확된 곡식은 황금빛입니다.
태양도 황금빛입니다.
하나님은 우리를
창조하신 분입니다.
하나님은 만물의
유일한 근원이십니다.

70 **사**랑하는 하나님,
많은 수확을 하게 해주셔서 감사합니다.
씨앗과 땅, 햇볕과 비,
뿌리와 잎새와 잘 익은 열매를 주셔서 감사합니다.
사랑이 넘치는 하나님,
우리를 수확이란 선물로 축복하셨습니다.
우리도 그 선물을 나누어 다른 이들을 축복하게 해주십시오.

하나님의 창조물을 위한 기도

71 사랑하는 하나님,
세상의 험하고 깊은 오지에도, 눈 덮인 산꼭대기와 칠흑같이 어두운 바닷속에도,
열대우림의 습지와 바람이 휘몰아치는 사막에도, 저 멀리 떨어진 섬과
우리 정원의 작은 구석에도 생명이 있는 창조물을 만드셨습니다.

창조주 하나님, 그 창조물들과 그들이 살아가는 곳을 사랑하고
소중히 여기도록 이끌어 주세요.

72 사랑하는 하나님,
아무리 작은 창조물도 하나님의 거대한
우주에서 하나의 역할을 합니다.

그 작은 생명체를 기억하시고, 하나님의
영원한 사랑으로 안전하게 지켜 주세요.

73 하나님은 기도하십니다. 크고
작은 만물을 지극히 사랑하시기
때문입니다.
하나님은 우리를 사랑하시기에 만물을
창조하시고 또 사랑을 주십니다.

S. T. 콜리지(1772~1834)

74 우리 집 아담한 정원을 지켜 주세요. 풀 사이를 기어다니고 종종걸음치는
작은 벌레들에게 안전한 피신처가 되도록 지켜 주세요. 꽃들의 틈을 헤집고 다니며
꽃잎을 빨고 씹어먹는 작은 벌레들에게 안전한 집이 되게 해주세요.
나무에 숨어 노래하는 새들에게 즐거운 집이 되게 해주세요.

우리 고향, 지구를 위한 기도

75 **하**나님은 세상의 어떤 힘보다 강하십니다.
바람이 세차게 불어 나무를 쓰러뜨려도
비가 많이 내려 강물이 넘쳐도
지진이 일어나 언덕이 무너져도
하나님의 사랑은 결코 멈추지 않을 것입니다.

이사야 53장

76 **사**랑의 하나님,
이 허약한 세상에서 우리가
한 걸음이라도 조심하도록
도와주십시오.

77 **겨**울에는 시냇물이 빨리 흐르고 소용돌이치기 때문에 초록빛을 띱니다.
작은 폭포에서는 간간이 물보라를 일으키고,
물결이 뱅글뱅글 맴돌고 잔물결을 일으키며 흘러갑니다.

여름엔 시냇물이 천천히 흐르고 잿빛을 띱니다.
깡통과 낡은 가방, 닳아빠진 신발 등
우리가 사용하지 않아 던져 버린 물건에
물길이 막혀 그 자리를 맴돕니다.

만물을 창조하신 하나님,
비를 내려 그 모든 것을 씻어서
온 세상을 다시 깨끗하게 해주세요.
우리가 물과 불, 흙과 공기를 존중하고
배려하는 방법을 알게 해주세요.

78 **맑**은 바다로 흘러드는 깨끗한 시냇물을
내게 남겨 주세요.

야생화와 나무 심을 빈 땅을 내게 남겨 주세요.

매일 아침 잠에서 깨어나
맑고 푸른 하늘을 즐길 수 있을까요?

새들과 나비들과 함께
놀 수 있는 곳을 내게 남겨 주세요.

물과 바위, 나무와 모래가 있는
숲과 강, 언덕과 바다를 내게 남겨 주세요.

이 오래된 땅에,
내가 자라고 숨쉴 수 있는 곳을 남겨 주세요.

제인 휘틀

세계는 한 가족

79 하나님,
이 세상에서 우리 모두는 낯선 사람들입니다.
우리 모두는 하나님의 나라를 여행합니다.

따라서 우리는 누구도 낯선 사람이나
이방인으로 대할 이유가 없습니다.
모두가 하나님의 모습대로 창조된
형제 · 자매 같은 사람들이기 때문입니다.

80 사랑하는 하나님,
우리 우정을 지켜 주세요.

우리가 서로에게 용기를 북돋워 줄 수 있도록
우리에게 용기를 주세요.

우리가 서로에게 힘을 보태 줄 수 있도록
우리에게 힘을 주세요.

우리가 서로를 격려할 수 있도록
우리를 격려해 주세요.

우리가 서로를 기억할 수 있도록
우리를 기억해 주세요.

소피 파이퍼

81 **사**랑하는 하나님,
나는 미약한 존재입니다.
내가 할 수 있는 일은 아주 적습니다.

그렇지만 이 세상을 더 나은 곳으로 만들기 위해
최선의 노력을 다하려 합니다.

다른 사람들이 하는 좋은 일에
내가 하는 좋은 일이 더해지길 바랍니다.

하나님, 우리가 더 나은 세상을 만들기 위해
노력하는 모든 일을 축복해 주세요.

82 **하**나님 아버지,
우리를 우정의 끈으로 묶어 주시고,
하나님의 사랑으로 우리를
감싸 주세요.

소피 파이퍼

온 땅에 평화를

83 평화의 예수님,
예수님은 빵과 물고기로
많은 사람을 먹이셨습니다.

오늘 나는 작은 다툼도 피하면서
예수님의 뜻에 보답했습니다.

예수님, 평화를 사랑하는 마음을
온 세상에 널리 퍼뜨리셔서
이 세상 사람들이 전쟁하지 않고
평화롭게 살도록 도와주세요.

소피 파이퍼

84 사랑하는 하나님,
내가 남들과 다시는 다투지 않고,
다툼 자체를 멀리해야 하는 이유를
확실히 깨닫게 도와주세요.

사랑의 하나님,
우리가 남들과 전쟁을 벌이지 않고
전쟁 자체를 멀리해야 하는 이유를
더 깊이 깨닫게 도와주세요.

메리 조슬린

85 **이** 세상을 창조하신 하나님 아버지,
우리가 서로 사랑하도록 도와주세요.
모든 나라가 서로 친하게 지내게 하시고,
우리 모두가 서로 형제와 자매처럼 사랑하게 해주세요.
이 세상에 평화를 심고 모두에게 행복을 안겨 주기 위해서
우리가 우리 역할을 다할 수 있도록 도와주세요.

일본의 기도

86 **하**나님,
우리가 평온한 세상의 자녀가 되고,
평화를 후손에게 전하는 사람이
되게 해주세요.

클레멘테 성자(1세기)

87 **주**님, 나를 평화의 도구로 써주십시오.

미움이 있는 곳에 사랑의 씨를 뿌리고

모욕이 있는 곳에 용서의 씨를 뿌리며

배척이 있는 곳에 화합의 씨를 뿌리고

의심이 있는 곳에 믿음의 씨를 뿌리며

절망이 있는 곳에 희망의 씨를 뿌리고

어둠이 있는 곳에 빛을 전해 주며

슬픔이 있는 곳에 기쁨을 전하는 도구로 쓰십시오.

만물의 주인이신 하나님,

나는 위로받기보다는 위로하는 데 힘쓰고

이해받기보다는 이해하는 데 힘쓰며

사랑받기보다는 사랑하는 데 힘쓰는 사람이 되고 싶습니다.

아낌 없이 줌 속에서 받고 용서함 속에서 용서받으며

죽음 속에 다시 태어나 영원히 살 수 있기 때문입니다.

아시시의 프란체스코 성자(1181~1126)

하나님, 우리 모두를 축복해 주세요

88 주님은 당신에게 복을 주고
당신을 지켜 주려 하십니다.
주님은 당신에게 친절히 하고
은혜를 베풀어 주려 하십니다.
주님은 당신을 자애의 눈으로 바라보며
당신에게 평화를 주려 하십니다.

민수기 6장

하나님이 우리를 위로하신다

89 하나님,
어둠을 걷어내고 세상에 빛을 주려고
우리를 만드셨습니다.
슬픔을 걷어내고 세상에 기쁨을 주려고
우리를 만드셨습니다.
죽음을 이겨내고 세상에 생명을 주려고
우리를 만드셨습니다.
우리 모두를 주님의 품안으로
인도해 주세요.

90 바람이 몰아치는 산골에
사는 사람들을 위해 우리는
기도합니다.
하나님, 그들에게 위안을 주세요.
폭풍우가 몰아치는 바다에 떠 있는
사람들을 위해 우리는 기도합니다.
하나님, 그들에게 평온을 주세요.
칠흑같이 어두운 밤 속에 있는
사람들을 위해 우리는 기도합니다.
하나님, 그들에게 희망을 주세요.

소피 파이퍼

91 매일,
우리가 사랑했던 사람들을
조용히 떠올려 봅니다.
매일,
우리가 마지막 작별 인사를
건넸던 사람들을
조용히 떠올려 봅니다.

92 사랑의 하나님,
언제나 푸르른 상록수처럼
당신의 그늘 안에서 나를 지켜 주세요.
하나님이 창조하신 만물에 생명의 기운을 주는
따뜻한 보슬비처럼
나를 다시 축복해 주세요.

호세아 14장

잠들기 전 기도

93 하늘에 계신 하나님, 아침에는 푸른 하늘을 주셔서 감사합니다.

하늘에 계신 하나님, 낮에는 황금 햇살을 주셔서 감사합니다.

하늘에 계신 하나님, 저녁에는 어둠을 내려 주셔서 감사합니다.

하나님, 온 종일 나를 지켜 주셔서 감사합니다.

94 이제 잠을 자려고 누웠습니다.

어린 나를 지켜 달라고 하나님께 기도합니다.

밤새 하나님의 사랑으로 나를 지켜 주세요.

그리고 환한 아침 햇살로 나를 깨워 주세요.

구전

95 날이 밝기 전에는
달이 환히 빛납니다.
별들도 반짝반짝 빛납니다.
하나님,
크고 작은 모든 만물에
복을 주시고
즐거운 하루를 허락해 주셔서
감사합니다.

구전

96 주님,
오늘 밤도 우리를 안전하게 지켜 주세요.
무서운 것으로부터 우리를 지켜 주세요.
우리가 잠들고, 아침 햇살이 다시 비칠 때까지
하나님의 천사를 보내시어 우리를 지켜 주세요.

존 릴랜드(1754~1841)

헤어짐과 축복

97 길이 당신을 만나는 곳까지 뻗어 있길 바랍니다.
바람이 항상 당신 뒤에서 살며시 불어 주길 바랍니다.
따뜻한 햇살이 당신 얼굴을 간지럽혀 주길 바랍니다.
당신이 걷는 들판에 비가 살며시 내리길 바랍니다.
우리가 다시 만날 때까지
하나님이 두 손으로 당신을 감싸 주길 바랍니다.

아일랜드 축복기도

98 하나님이 어둠 속에선
당신의 빛이 되시고,
추운 곳에선 당신에게
따뜻함을 주시고
슬픔이 있는 곳에선
당신에게 기쁨을
안겨 주길 바랍니다.

99 **잔**잔히 흐르는 강물의 평화가 당신에게,
향긋한 공기의 평화가 당신에게,
고요한 대지의 평화가 당신에게,
반짝이는 별들의 평화가 당신에게,
밤 그늘의 평화가 당신에게,
달과 별들이 항상 당신의 길을 밝혀 주고,
평화의 아들, 예수 그리스도의 평화가 당신에게 있길 바랍니다.

고대 게일어 축복기도

100 **당**신이 어디를 가더라도
하나님 아버지가 당신과 함께하길 바랍니다.
당신이 어디를 가더라도
하나님의 아들, 예수 그리스도가 당신과 함께하길 바랍니다.
당신이 어디를 가더라도
하나님의 성령이 당신과 함께하길 바랍니다.

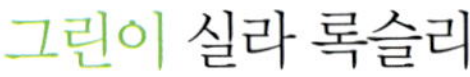

엮은이 로이스 로크

집과 교회와 학교에서 사용되는 기도책과 성경 이야기를 재미있게
풀어써서 기독교의 가르침을 새로운 세대의 독자에게 흥미진진하게
전달하는 작가로 명성이 높다. 로이스는 성경 이야기를 다시 풀어쓰고
편집하는 데 뛰어날 뿐아니라 어린 독자들을 위한 기독교 입문서를
쓰는 데도 뛰어나다. 명쾌하고 사실적인 글로 어린 독자들의 상상력을
북돋워준다. 로이스의 책들은 전 세계에서 400만 권 이상이 팔렸다.

그린이 실라 록슬리

런던 세인트 마틴 예술학교를 졸업하고 잡지사에서 삽화를 담당했다.
그후 민담과 신화를 주제로 한 어린이책의 삽화를 그렸다. 여행이
취미로 인도, 에스파냐, 북아프리카에서 많은 영감을 받았다.

옮긴이 강주헌

한국외국어대학교 불어과를 졸업하고 같은 대학원에서 석사와
박사학위를 받았다. 한국외국어대학교와 건국대학교 등에서 강의했고,
현재 전문번역가로 활동 중이다. 저서로 《강주헌의 영어번역 테크닉》
《현대 불어학 개론》《나는 여성보다 여자가 좋다》 등이 있고, 역서로는
《문명의 붕괴》《내 인생을 바꾼 스무 살 여행》《촘스키, 누가 무엇으로
세상을 지배하는가》《바빌론 부자들의 돈 버는 지혜》《좋은 아빠가 되기
위한 1분 혁명》《당신 안의 기적을 깨워라》《예수님처럼 기도하라》
《마음의 회복》《반항적인 회심자》《창조자의 정신》《창조주 다이어트》
등 다수가 있다.